AF509317

MÉMOIRE

A CONSULTER

ET CONSULTATION.

POUR le Chevalier DE SOUPIRE, Lieutenant Général des Armées du Roi : Au sujet des imputations que lui fait le Comte DE LALLY dans les Ecrits publiés pour sa défense.

E Public me paroît aussi surpris que moi du plan & du ton des Mémoires publiés pour le Comte de Lally. On cherche dans ces volumes immenses répandus avec profusion, la justification de l'Accusé : on n'y trouve qu'une déclamation hasardée contre une infinité de personnes qui ne sont pas même Parties dans le procès. Si on veut en croire le Comte de Lally, tous ceux qui ont eu part aux opérations civiles ou militaires, exécutées

A

dans l'Inde font coupables des pertes de la Compagnie : il n'y a que lui dont la conduite foit irréprochable.

Je m'interdis toute réflexion fur la fingularité d'un fyftême auffi inattendu: mais le public en fait, & il n'eft pas en mon pouvoir de l'empêcher d'en faire.

Le Comte de Lally m'a affigné une place diftinguée dans la lifte des perfonnes qu'il accufe d'avoir contribué à la perte de l'Inde : c'eft , felon lui , mon inaction fur la côte de Coromandel qui a été la principale caufe du défaftre de la Colonie. Il va plus loin : il prétend que je devois m'emparer en trois femaines de toutes les poffeffions des Anglois. Il prend les Villes dans fes Mémoires avec une rapidité qui tient du prodige, & je dois lui fçavoir gré de borner à fi peu de chofe les conquêtes que je devois faire.

Avant que de m'expliquer fur des imputations auffi imprévues, qu'il me foit permis de faire une réflexion. Il n'y a au procès aucune forte d'accufation contre moi : ainfi je fuis fort éloigné d'être dans le cas de me juftifier aux yeux de la Juftice.

Mais la déclamation du Comte de Lally étant devenue par fa publicité, un libelle qui intéreffe ma réputation ; comment pourrois-je garder le filence fans laiffer fubfifter des doutes fur la netteté de ma conduite ? Ce filence ne feroit-il pas une efpece d'aveu de tous les faits avancés contre moi ? Je fuis trop jaloux de l'eftime du public pour lui laiffer la moindre impreffion qui pût bleffer ma délicateffe. C'eft à lui feul que je voudrois rendre compte de ma conduite, & je demande à être guidé là-deffus par mes Confeils. Je vais leur expofer, avec la fimplicité & la modération qui ont toujours fait le fond de mon caractère, les imputations que le Comte de Lally s'eft permifes contre moi & les faits qui les détruifent, dans lefquels je le mettrai fouvent en contradiction avec lui-même.

Le Comte de Lally dit, page 33 de fon premier Mémoire : » On ajoutera à ces obfervations » que l'inaction du Chevalier de Soupire, depuis » fon débarquement, doit être confidérée comme » une des principales caufes des revers de la Co- » lonie.

» Lorfqu'il arriva dans l'Inde, il y avoit plufieurs » mois que les Anglois nous avoient enlevé le Ben- » gale. Le Gouverneur & le Confeil avoient eu le » loifir de faire les difpofitions que la circonftance exi- » geoit. Le Chevalier de Soupire débarqua avec 1100 » hommes de Troupes du Roi, & il apporta d'Europe » 1500, 000 livres qu'il remit au fieur Defvaux, » chargé des deniers de la Compagnie *. Il auroit » pu facilement en deux mois faire la conquête de » tous les établiffemens Anglois à la côte de Coro- » mandel, mais il fe borna au fiége d'une bicoque **. » Si cet Officier Général qui arrivoit d'Europe avec » un renfort confidérable, a été inftruit comme il » devoit l'être par le Gouverneur, du véritable état

---

* Il n'eft pas vrai que j'aye remis la moindre fomme au fieur Desvaux. Je n'étois point chargé des deniers qu'on envoyoit au Confeil à Pondichéry.

** Schetoupet.

4

» de nos Ennemis , il a dû dans ce cas agir effica-
» cement contr'eux. S'il n'a pu obtenir du fieur de
» Leyrit les éclairciffemens & les fecours néceffaires
» au fuccès d'une expédition , la conduite de ce
» Gouverneur eft inexcufable : mais dans l'un &
» l'autre cas , le préjudice réfultant de l'inaction du
» Chevalier de Soupire pendant huit mois eft éga-
» lement réel & fenfible. Il eft toujours conftant
» qu'on a perdu des momens décififs.

Le Comte de Lally , qui dans ce premier Mémoire m'avoit accordé libéralement deux mois
pour faire la conquête des poffeffions Angloifes ,
ne m'accorde plus que trois femaines dans fon fe-
cond Mémoire *. Voici les termes de la page 2.
» Le Chevalier de Soupire avoit débarqué à Pon-
» dichéry huit mois avant le Comte de Lally , &
» pat conféquent il avoit mis quatre mois de moins
» dans fa traverfée. Les Anglois ne pouvoient pas
» mettre alors 100 hommes en campagne , & le
» Chevalier de Soupire en avoit deux mille. Ma-
» draff étoit encore ouvert comme du temps de M.
» de la Bourdonnais : Saint - David étoit en ruine &
» gardé par foixante invalides. *C'étoit une opération
» de trois femaines au plus pour s'emparer de ces
» deux Places.* Le Chevalier de Soupire totalement
» étranger à la guerre du pays , s'étoit laiffé con-
» duire par le fieur de Leyrit qui l'a tenu pendant
» huit mois dans l'inaction , & a confommé fans
» fruit l'argent qu'il avoit apporté d'Europe.

---

* Intitulé *Tableau hiftorique.*

Les faits dont je vais rendre compte , & dont j'ai les preuves , font bien différens de cet expofé.

Au mois de Novembre 1756 , le Roi me fit l'hon-neur de me choifir pour aller fervir dans l'Inde en qualité de Maréchal de Camp fous les ordres du Comte de Lally , Lieutenant Général. Ma nomi-nation me fut annoncée par MM. d'Argenfon & de Paulmy , Miniftres de la Guerre , & par M. de Moras , lors Controlleur Général. Ce fut le Comte de Lally qui travailla feul avec les Miniftres & avec les Directeurs de la Compagnie des Indes. Pour moi, j'eus des ordres précis de garder le fecret fur ma miffion , & je fus privé par-là , des connoiffances que j'aurois pu tirer des Adminiftrateurs fur la fitua-tion actuelle de la Colonie. Je devois partir avant le Comte de Lally, mais il devoit me fuivre de près : l'intention du Roi étoit même qu'il me joignît à l'Ifle de France ; car les Miniftres ne me donnerent aucune inftruction qui me fût perfonnelle & particuliere : ils me remirent feulement un paquet cacheté que je ne pouvois ouvrir , aux termes de la fufcription , qu'au premier Juillet 1757. Ce paquet contenoit trois pieces , l'une étoit le brevet du Roi qui me conféroit le commandement en cas d'abfence, mort ou maladie du Comte de Lally. L'autre étoit un double des inftructions du Roi , & la troifiéme un double des inftructions données au Comte de Lally par M. de Moras. J'étois affujetti à me conformer à ces doubles inftructions.

Je me rendis à l'Orient le 21 Décembre 1756,

I.er Époque.
Faits antérieurs à l'arrivée du Comte de Lally dans l'Inde.

& je mis à la voile le 30 avec 1020 hommes du Régiment de Lorraine & 50 du Corps Royal d'Artillerie. A l'égard des 1500000 liv. dont le Comte de Lally juge à propos de me charger, je n'en eus jamais un fol entre les mains, c'étoit l'affaire du sieur Babinet, Commissaire de l'Escadre.

Dans le cours de la traversée, nous essuyames un coup de vent le 4 Janvier 1757 qui dispersa l'Escadre. Le Vaisseau que je montois perdit de vue tous les autres, à l'exception d'une Frégate qui continua d'aller de conserve avec nous jusqu'à l'Isle de France.

J'y arrivai le 12 Avril 1757 ; j'avois perdu 105 hommes dans la traversée, & M. Magon, Gouverneur de l'Isle, ne put m'en remplacer qu'une partie. Mon premier soin fut de prendre langue auprès de quelques Officiers qui arrivoient de Pondichéry, sur les objets qui manquoient dans cette Place.

D'après les connoissances qu'ils me donnerent, je fis construire 80 affuts de canon, 80 plates formes, & je fis préparer sans relâche toutes les autres choses nécessaires pour former un parc d'artillerie & pour exécuter toutes sortes d'opérations militaires.

Les ouvrages furent achevés sous mes yeux avec la plus grande diligence. Mais mon départ pour Pondichéry fut retardé par la lenteur des Vaisseaux de l'Escadre, dont le dernier n'arriva à l'Isle de France que le 25 Juin.

Le premier Juillet j'ouvris, suivant les ordres de la Cour, le paquet qui renfermoit ma commission, & les doubles des instructions données au Comte de Lally.

7

Le lendemain je mis à la voile, je paffai à l'Ifle
de Bourbon pour y prendre une partie du Régiment
de Lorraine & M. Bouvet qui devoit commander
l'Efcadre : elle y fut renforcée de trois Vaiffeaux
de la Compagnie.

Les Vaiffeaux partirent à différens jours, & le
point de leur réunion étoit *Foule-Pointe*, qui eft
une loge Françoife dans l'Ifle de Madagafcar.

J'y arrivai le 16 Août 1757, & je fus obligé d'y
féjourner environ quinze jours pour y faire des vivres, dont les Ifles de France & de Bourbon n'a-
voient pu nous fournir une provifion fuffifante.

Je n'étois pas fans efpérance d'y voir arriver le
Comte de Lally ; mais les lettres qui me furent ap-
portées par le Briftol, Vaiffeau de la Compagnie ,
m'apprirent qu'on n'avoit point eu de fes nouvelles
à l'Ifle de France. Je crus donc devoir hâter mon
départ. Le premier Août je fis voile de Madagafcar,
& le 8 Septembre 1757, je mouillai à la rade de
Pondichéry. J'avois pris à la hauteur du fort Saint-
David, un Anglois * qui venoit à nous dans la plus
grande fécurité, parce qu'il prenoit nos vaiffeaux
pour l'Efcadre Angloife attendue à Madraff. On
trouva fous les courbes de fon yole une lettre du
Comité fecret de Madraff, adreffée au Commandant de cette Efcadre. Cette lettre contenoit un précis des inftructions qui avoient dû être données à

---

ce Commandant à fon départ d'Angleterre ; on y datoit ce départ du 15 Janvier 1757. J'appris de plus par ces inftruétions que l'Efcadre Angloife devoit mouiller devant Pondichéry, & détacher deux Vaiffeaux & deux Frégates pour croifer devant Karikal, où il étoit probable que nous prendrions langue, en petit nombre, afin d'y dépofer notre argent, nos munitions & nos troupes, fi nous apprenions que nos Ennemis euffent des forces fupérieures à la Côte. La même lettre me découvrit que les Anglois devoient attendre dans ces parages, leur Efcadre du Gange déjà avertie, & dont ils efpéroient que la jonétion nous reduiroit à la feule ville de Pondichéry.

Notre débarquement fe fit le 9 Septembre 1757. Les Troupes portées fur l'Efcadre étoient 982 hommes du Régiment de Lorraine (dont 63 entrerent à l'hôpital,) 50 hommes du Corps Royal d'Artillerie, & 60 Volontaires de l'Ifle de Bourbon.

Dès le foir même je fis part à M. de Leyrit de la Lettre que j'avois interceptée, & nous parlâmes projets.

Je lui témoignai mon inquiétude fur l'intention & la néceffité dans laquelle M. Bouvet difoit être de repartir dès le lendemain avec l'Efcadre. J'écrivis le même jour à M. Bouvet pour le prier de faire débarquer les canons, bombes & boulets qui étoient fur les vaiffeaux & j'en reçus la réponfe qui fuit.

MONSIEUR;

MONSIEUR,

» Dès que j'ai eu reçu la Lettre que vous m'avez
» fait l'honneur de m'écrire ce matin, j'ai appellé
» MM. les Capitaines pour me mettre en état de vous
» répondre. MM. Surville & Joannis n'ont ni bou-
» lets ni bombes : il n'y en a point non plus dans
» le Comte de Provence. Ce qu'en a M. d'Après
» eſt abſolument embarraſſé dès France. MM. de
» Cagnon & Saint - Martin étant à terre , leurs
» feconds m'ont dit que les boulets qu'ils ont, font
» fur la carlingue & fervent de leſt , & que les vaiſ-
» feaux le Sechelles & le Duc de Berry , déjà trop
» volages, ne pouvoient fe paſſer de ce poids pour
» porter la voile. Je vous prie de croire, Monſieur,
» que je fuis extrêmement mortifié que les circon-
» ſtances ne permettent pas de vous fatisfaire. L'on
» pourra vous apporter des munitions en Janvier
» prochain, & d'ici à ce temps la faifon ne laiſſe
» guères lieu aux opérations militaires; j'aurai l'hon-
» neur d'aller demain matin prendre congé de vous;
» j'eſpere que dans la journée, l'Efcadre fera en état
» de mettre à la voile.

On voit par cette Lettre que M. Bouvet perfiſtoit
dans la réfolution de partir , & je m'y ferois inuti-
lement oppofé.

En effet, je ne pouvois prendre fur moi aucune
opération, parce que les inſtructions données au Comte
de Lally, auxquelles j'étois obligé de me conformer,
portoient en termes formels; » il reſte à déterminer

» la maniere dont le fieur de Lally devra fe conduire
» perfonnellement dans les affaires des Indes. Il laif-
» fera entierement aux Gouverneurs & aux Confeils
» de la Compagnie la Direction du Commerce , &
» il concertera avec les Gouverneurs , Directeurs &
» Commandans particuliers des Etabliffemens de la
» Compagnie , les projets qu'il formera fur les opéra-
» tions de guerre , par rapport aux influences que
» ces opérations pourroient avoir fur le Commerce
» de la Compagnie , & aux effets qui pourroient
» en réfulter vis-à-vis des Puiffances du Pays.

Quelques lignes plus bas les inftructions ajoutoient:
» dans les Confeils mixtes , où il s'agira d'expédi-
» tions des Troupes de Terre , auxquelles les Vaif-
» feaux de Sa Majefté & ceux de la Compagnie des
» Indes armés en guerre auroient à concourir par
» mer , le fieur de Lally fera tenu de fe confor-
» mer à ce qui aura été arrêté & décidé dans lef-
» dits Confeils à la pluralité des voix , pourvû tou-
» tefois que ce foit fans un rifque évident pour
» les Troupes foumifes à fon commandement , au-
» quel cas le Sr de Lally & les Officiers des Troupes
» de Sa Majefté , affiftans au Confeil , protefteroient
» par des Mémoires fignés d'eux , contre la Délibéra-
» tion qui auroit été prife à la pluralité des voix , &
» il ne feroit plus tenu de s'y conformer.

Mes pouvoirs fe trouvant bornés par des ordres du
Roi auffi précis , je fis convoquer un Confeil mixte
le jour de mon arrivée pour le lendemain 10 Septembre , à l'effet de délibérer fur les opérations les
plus preffantes.

Les Officiers des Troupes de Terre & de la Marine & les principaux Membres du Conseil supérieur de Pondichéry y assisterent. J'y proposai le siége du Fort Saint-David, parce que c'étoit l'un des premiers objets indiqués dans les instructions données par M. de Moras au Comte de Lally.

Mais toutes les voix, à l'exception de deux, se réunirent pour rejetter cette entreprise. Les principales raisons dont cet avis fut appuyé, étoient :

» Qu'il n'étoit pas possible d'assiéger avec succès
» le Fort Saint-David, Place maritime, sans le con-
» cours d'une Escadre ; que la nôtre ne pouvoit en-
» core tenir long-temps la mer dans la saison où
» nous étions, sans s'exposer à périr sur cette côte,
» par les mauvais temps dont le retour est pério-
» dique & presque infaillible au mois d'Octobre.

» Que cependant si on prétendoit s'aider de l'Es-
» cadre, il falloit qu'elle tînt la mer au-delà de cette
» époque, parce que les préparatifs du siége pren-
» droient environ trois semaines, ne fût-ce que pour
» faire les rouages & les ferremens des affuts, ras-
» sembler les coulis * & les bœufs d'attelage, amas-
» ser des fascines, des gabions, &c.

» Que d'ailleurs l'Escadre n'avoit pas des vivres
» suffisans pour pouvoir différer son retour aux Isles,
» & que nous étions hors d'état de lui en fournir.

» Que l'Escadre Angloise, fort supérieure à la
» nôtre, pouvant paroître d'un instant à l'autre, il

---

* Manœuvres de l'Inde.

» feroit imprudent d'expofer nos vaiffeaux à tant
» de dangers à la fois.

» Qu'enfin l'attente d'un puiffant & prochain fe-
» cours, conduit par le Comte de Lally, ne nous
» permettoit pas de tenter des entreprifes équivo-
» ques.

Le Confeil jugea même le péril dont les mouffons
& l'arrivée de l'Efcadre Angloife nous menaçoient, fi
imminent, qu'il permit à la nôtre de remettre à la
voile dès le lendemain, fans prendre le temps de débarquer les boulets, les bombes & vingt canons de
fonte mis en left fur les vaiffeaux, parce qu'il auroit
fallu environ quinze jours pour les délefter & re-
lefter.

Je fus donc forcé de renoncer au fiége du Fort
Saint David, dont l'entreprife venoit d'être rejettée
par la délibération du Confeil mixte, à la très-grande
pluralité des voix. C'en eft plus qu'il n'en faut pour
écarter les reproches injurieux du Comte de Lally.

Au refte, il manque de mémoire, lorfqu'il dit
» qu'à mon arrivée dans l'Inde les Anglois n'étoient
» pas en état de mettre cent hommes en campagne ;
» que Madraff étoit encore ouvert comme du temps
» de M. de la Bourdonnais, & que Saint-David
» étoit en ruine, & n'étoit gardé que par 60 Inva-
» lides.

Il eft certain au contraire, (& c'eft un fait qui
fera attefté par tous les Officiers de l'Armée Françoife & de la Colonie) que lors de mon arrivée les
Anglois avoient en campagne une armée de 800
Européens, & que la nôtre campée fous le canon de

Vandavachy étoit en préfence. Les Anglois auroient-ils eu l'imprudence de tenir la campagne avec une armée, s'il n'y avoit eu aucune garnifon dans leurs principales Fortereffes ?

Il eft également certain qu'avant mon arrivée il y avoit au Fort Saint-David 130 Européens & 700 Cypayes * ou Topas ** ; & que le 9 Septembre, jour de mon débarquement, les Anglois firent entrer dans ce Fort 120 Soldats Européens, faifant partie de 300 qu'ils venoient de recevoir à Madraff.

La Garnifon de Saint-David étoit par conféquent compofée de 250 Européens & de 700 Cypayes; ce Fort étoit garni de 180 pieces de canon ; les fortifications étoient en très-bon état, & les ouvrages qu'on y a achevés depuis mon arrivée ne regardoient qu'une demie-lune à l'Eft du côté de la mer, & les Cazemattes ***.

A l'égard de Madraff, il y auroit eu de la folie d'en propofer le fiége avant que d'avoir pris le fort Saint-David : c'eût été expofer l'Armée Françoife à une perte certaine, que de laiffer derriere elle une place de cette importance.

Au furplus, il n'eft pas douteux que les Anglois avoient une Garnifon à Madraff indépendamment de l'Armée qu'ils avoient en campagne, mais cette Garnifon fut bientôt augmentée : à la premiere nou-

---

* Soldats Indiens.
** Soldats noirs Malabares.
*** Ce n'eft pas de ce côté que le Comte de Lally a attaqué dans la fuite le Fort Saint-David. C'eft par les côtés du Nord & de l'Oueft.

velle de l'arrivée du fecours que j'amenois, l'Armée Angloife qui campoit à la vue de Vandavachy, fit un mouvement retrograde fur Madraff, & forma un camp de 500 Européens, & de 2000 Cypayes fur les glacis de cette Place, protégés par une nombreufe artillerie. Quant aux fortifications de cette Ville, le Comte de Lally a fçu comme moi, & comme toute l'Armée, qu'elles étoient en très-bon état avant mon arrivée; notre Compagnie des Indes y avoit fait travailler après la conquête de M. de la Bourdonnais: les Anglois n'ont ceffé d'y travailler depuis, & le feul objet qui ne fût pas achevé avant mon débarquement, étoit un ouvrage en terre. Le Comte de Lally ne perfuadera à perfonne que les nouvelles fortifications en pierres que nous avons trouvées à Madraff, aient pu être faites depuis mon arrivée dans l'Inde *. C'eft donc une dérifion que de préfenter Madraff comme une Place démantelée, fans Garnifon & fans défenfe, & dont il ne s'agiffoit que d'aller prendre poffeffion.

J'ajoute que, quand même j'aurois eu des forces beaucoup plus confidérables pour faire le fiége de Madraff, il m'auroit été impoffible de le prendre fans le concours d'une Efcadre, parce que j'aurois été traverfé de mille manieres par deux Frégates que les Anglois avoient à la Côte, & qui leur auroient

---

* On peut comparer le plan du Fort de Madraff qui eft figuré dans fes Mémoires, vec celui qui eft dans les Mémoires de M. de la Bourdonnaye, & on en verra la différence,

porté avec une grande célérité des fecours & des provifions de toute efpece.

Il ne faut pas oublier que les marches, pour arriver tant à Saint-David qu'à Madraff, font pénibles, & le tranfport de l'artillerie difficile, fur-tout pour le paffage des rivieres, dans un Pays où il n'y a point de pontons.

Tel étoit l'état de ces deux Places que je devois prendre, fuivant le Comte de Lally, en trois femaines, fans Efcadre & fans Armée d'obfervation : c'eft une idée gigantefque qui tombe d'elle-même.

Je fus donc obligé de m'occuper de toute autre chofe : M. de Leyrit & le Confeil propoferent le fiége de Schetoupet & de Tiroumaley, dont la prife devoit procurer à la Compagnie la jouiffance d'un Pays fertile, dans lequel nous pourrions puifer des fubfiftances abondantes & des fommes confidérables.

Je m'occupai auffi-tôt des préparatifs de ces fiéges, je pris des précautions pour affurer la fubfiftance des Troupes. Je fis taxer les vivres pour ne pas augmenter la paye des Officiers fixés par l'Ordonnance du Roi. Je réglai les équipages pour chaque grade, je fis ferrer les affuts que j'avois fait apporter de l'Ifle de France, & monter les piéces de canon. Je fis raffembler les Coulis * qui devoient accompagner l'armée & les bœufs néceffaires pour le tranfport de l'Artillerie. Enfin j'établis la police qui devoit s'obferver à l'Armée. J'entre dans ces menus détails, parce que c'eft

---

* Porteurs & Manouvriers de l'Inde.

un compte de l'emploi *du tems* que je rends ici, & que ces difpofitions me prirent 15 jours. Dans le cours de cette quinzaine, il fut tenu un Confeil mixte le 20 Septembre 1757, dont le réfultat eft conçu en ces termes : « Il a été arrêté d'une voix unanime de s'atta-
» cher pour le préfent au fiége de Schetoupet & de
» Tiroumaley, attendu que la faifon eft trop avan-
» cée, & que nos forces actuelles ne nous permet-
» tent pas de rien entreprendre fur les places mariti-
» mes, la préfente expédition ayant pour objet d'aug-
» menter les revenus de la Compagnie, & de dimi-
» nuer ceux des ennemis ».

J'envoyai auffi-tôt un ordre à la petite Armée qui campoit fous le canon de Vandavachy, de marcher fur Schetoupet, & de mafquer ce fort en attendant que je puffe le faire inveftir.

Le 25 Septembre je fis partir 300 hommes du Régiment de Lorraine, & 25 du Corps Royal d'Artillerie pour aller renforcer cette petite Armée à laquelle je donnai ordre d'inveftir le fort de Schetoupet, & d'en former le fiége.

Le premier Octobre je partis moi-même de Pondichéry avec le refte des troupes du Roi, & j'allai camper près de Valdaour, qui eft un fort entre Schetoupet & Saint David. Mon objet étoit d'empêcher la garnifon du fort Saint-David de troubler le fiége de Schetoupet. L'affiette de mon camp me mettoit même à portée d'aller foutenir les affiégeans au cas que les Anglois envoyaffent quelques détachemens de leur Armée de Madraff au fecours des affiégés.

Schetoupet fut invefti le 29. Le 14 Octobre fuivant

vant il fut emporté d'affaut, & la garnifon paffée au fil de l'épée. Cette févérité répandit la terreur dans le pays, & me rendit maître en peu de tems de Tiroumaley, Schinagan, Pennatour, Caliongar, Vetevalon, Calacourchy, Jouloupgar, Sacrapour & Raoutnelour.

La prife de tous ces petits forts remplit les vues du Confeil de Pondichéry, & nous procura les poffeffions qui faifoient l'objet de mon expédition.

Les pluies qui ne manquent jamais au mois d'Octobre dans ces climats, étoient furvenues dès les premiers jours de ce mois, & me forcerent de ramener l'Armée à Pondichéry. La marche fut longue & pénible, & les détachemens faits pour la prife des forts ne rentrerent dans cette Ville que le 11 Novembre.

Dans le cours de cette expédition, on m'avoit envoyé de Pondichéry une lettre du Comte de Lally, du 30 Mai 1757, apportée par la Frégate la Diligente. « Il fe flattoit, difoit-il, dans cette Lettre, de
» me revoir fix femaines après qu'elle me feroit par-
» venue. Je voudrois bien, ajoutoit-il, trouver à mon
» arrivée toutes les chofes difpofées à pouvoir partir
» tous enfemble à la fin de Décembre, afin d'arriver
» à la côte de Coromandel en Janvier : & furement
» M. Magon y fera de fon mieux, & pour le bien de
» la chofe, & pour fe débarraffer de nous ». Le texte de cette Lettre & fon adreffe *à l'Ifle de France*, prouvent que le Comte de Lally ne me croyoit pas encore arrivé dans l'Inde. J'ai donc apporté dans mes opérations beaucoup plus d'activité qu'il n'ofoit en

C

exiger, & c'eſt lui qui m'impute aujourd'hui une inaction léthargique.

Pendant la mauvaiſe ſaiſon, je m'occupai de la diſcipline des troupes, de leur ſubſiſtance, de l'approviſionnement de nos places & de tout ce qui pouvoit en affermir la ſureté. Malgré les difficultés que j'eſſuyai, je parvins à former devant le Fort de Pondichéry un parc de 63 pieces d'artillerie, tant pour les Siéges que pour la Campagane, accompagnées de leurs caiſſons, munitions, affuts de rechange, plates formes de batterie & poutrelles ; je fis aſſembler les bœufs d'attelages & je tins le tout prêt à partir à l'arrivée du Comte de Lally, que j'attendois de jour en jour.

Je veillai par moi-même à la célérité des travaux néceſſaires pour tous ces préparatifs & j'employai les intervalles que ces occupations me laiſſoient, à prendre, les connoiſſances les plus exactes ſur les reſſources qu'on pouvoit procurer à la Colonie ; je ne m'en tins pas aux lumieres que je tirai des Membres du Conſeil de Pondichéri : j'entretins une correſpondance ſuivie avec MM. de Buſſy & de Moracin.

J'entamai pendant l'hiver une négociation pour ſurprendre Trichenapaly où il y avoit Garniſon Angloiſe ; un Officier principal des Cypayes qui étoit dans cette Place, m'avoit fait propoſer de me la livrer : il m'envoya un Capitaine de ſa troupe, connu & marié, muni de lettres de créance ſignées de lui, (Commandant) & de ſix autres Chefs ; ils s'engageoient d'ouvrir les priſons à quatre cent

Prifonniers François qui étoient à Trichenapaly , de les armer des fufils des Cypayes, d'arrêter tous les Officiers de la Garnifon & de livrer en même temps une porte de la Ville au détachement que j'enverrois pour le jour & le moment qui feroient indiqués ; les ôtages qu'on remettoit à ma difcrétion ne me permettoient pas de douter de la fincérité des offres du Commandant & des autres Chefs des Cypayes : toutes les circonftances promettoient un heureux fuccès. L'importance de la prife de Trichenapaly , n'étoit pas équivoque ; cette Place produit 4 lacs * de revenu ; elle eft d'ailleurs la clef du Meif-foure, du Madourée & du Tanjaour. Les Rajas de ces Royaumes devoient à la Compagnie Françoife des fommes immenfes dont la prife de Trichenapaly nous mettoit en état d'exiger le payement fur le champ.

Je penfai donc férieufement à en former l'entre-prife , dont je me propofois de confier l'exécution à un Officier courageux & intelligent.

Pour que le fécret ne fût pas éventé , il falloit couvrir de quelque prétexte le départ du détache-ment que je devois envoyer ; je feignis de craindre qu'un refte de méfintelligence qui régnoit entre les Officiers d'épée & de plume , employés par la Compagnie Françoife à Cheringan , ne caufât la perte de cette Place précieufe : je déclarai que pour me tranquillifer là-deffus , j'avois réfolu de faire réle-ver la Garnifon de cette Ville , & de neuf autres poftes , par des troupes du Roi ; c'étoient ces troupes deftinées en apparence à relever les Garnifons , qui, jointes à ces mêmes Garnifons , devoient fervir à

* 960000. liv.

furprendre Trichenapaly. J'empruntai de **M. Luker**
10000 roupies, en mon nom, pour l'exécution de
mon projet, & tout étoit prêt lorfque le Comte de
Lally arriva le 28 Avril 1758, fur l'Efcadre com-
mandée par le Comte d'Aché.

Je ne m'étois livré au projet fur Trichenapaly,
que parce que je n'étois pas en état de faire le fiége
des Places maritimes. Le Comte de Lally qui ame-
noit des forces de terre & de mer, crut devoir s'occuper d'opérations plus importantes ; & cela étoit
conforme à fes inftruétions.

Je m'arrête à fon arrivée pour demander fi après le
détail que je viens de faire, il eft en droit de me peindre comme un homme qui n'a fait que dormir dans
l'Inde. Pouvois-je mettre plus d'aétivité dans les opérations que j'ai exécutées avant les pluies ? Pouvois-je
apporter plus de foin à faire, pendant la mauvaife
faifon, tous les préparatifs néceffaires pour le mettre
en état d'agir au moment de fon débarquement ?

Quant à l'expédition de Schetoupet qu'il critique
fi amérement, je m'étois conformé à mes inftructions, qui ne me permettoient d'entreprendre aucune opération que par l'avis du Confeil de Pondichéry ; & ma conduite fut approuvée par **M.** le
Maréchal de Belle-Ifle, qui m'écrivit le 10 Décembre 1758, en ces termes :

» **M.** de Paulmy vous a informé Monfieur, le 25
* Février dernier, que le Roi en lui permettant de
» fe retirer, m'avoit chargé du miniftere de la guerre.
» J'ai reçu depuis les lettres que vous m'avez écrites
» depuis le 21 Septembre 1757, jufqu'au 9 Mars

» dernier, dont je joins ici la note ; le Roi à qui
» j'ai rendu compte dans le temps, de votre expé-
» dition de Schetoupet , & de toutes les mesures
» que vous avez prises en attendant l'arrivée de M.
» de Lally ; en a été très-content , & vous devez
» être persuadé que je ne négligerai aucune des occa-
» sions où je pourrai faire valoir au Roi votre zele
» pour son service. Il est bien fâcheux que la navi-
» gation de M. de Lally ait été si long-temps retar-
» dée : je compte que nous recevrons incessammens
» de ses nouvelles , & de ce qu'il aura entrepris
» après vous avoir rejoint ; continuez je vous prie
» à m'informer régulierement , par toutes les occa-
» sions que vous trouverez , de la situation des
» Troupes , & de toutes les affaires de l'Inde : on ne
» sçauroit trop détailler les faits quand on est dans
» un si grand éloignement & dans un Pays aussi peu
» connu que celui où vous êtes , & j'espere que par
» cette raison vous aurez attention que vos relations
» ne laissent rien à désirer de tout ce qu'il peut être
» intéressant de sçavoir. *Je ne puis au surplus que*
» *vous recommander de faire ensorte d'entretenir une*
» *bonne intelligence avec les Officiers de la Compa-*
» *gnie des Indes, attendu que c'est le seul moyen*
» *d'assurer le succès de vos opérations.*

On peut voir par ces dernieres expressions , combien j'aurois risqué de me compromettre , si en m'é-
cartant de mes instructions, j'avois pris sur moi le siége
de Saint-David , contre la décision des Conseils
mixtes tenus à Pondichéry , qui , en excluant toute
entreprise sur les Places maritimes , bornoit mes opé-

rations de cette campagne avancée, à la prife de Schetoupet & des Forts voifins, que le Comte de Lally appelle, page 62 de fon Mémoire, un domaine confidérable.

Je paffe aux autres obfervations qui ont rapport à fa déclamation.

IIe Époque. Faits poftérieurs à l'arrivée du Comte de Lally, & relatifs au reproche qu'il me fait de n'avoir pas pris & gardé la Ville de Goudelour, pour mafquer le Fort de Saint David.

L'Escadre n'eut pas plutôt paru à la rade le 28 Avril 1758, que j'allai fur une Chelingue rendre compte à M. de Lally de notre fituation, & prendre fes ordres ; il débarqua le même jour, & trouva toutes chofes préparées pour trois fiéges différens. Outre l'artillerie qui étoit prête à marcher, j'avois pourvu aux approvifionnemens des fafcines, gabions, fauciffons, &c.

La nuit même du 28, le Comte de Lally fit partir le Comte d'Eftaing avec le Régiment de Lorraine pour aller inveftir le Fort Saint David. Je m'y rendis le 30. le Comte de Lally y arriva le premier Mai avec le refte des Troupes, le tout formoit environ feize cens hommes.

Saint David eft un fort fur le bord de la mer qui protege & domine la Ville de Goudelour, affife le long de la côte. Cette Ville qui eft ouverte du côté de la mer, eft fermée des autres côtés par une fimple muraille fans foffés ; il n'y avoit d'autres Troupes que quelques Cypayes qui fe retirerent par mer au Fort Saint David. Le 4 Mai, Goudelour ouvrit fes portes fans faire aucune défenfe.

Le Comte de Lally dit page 3 de fon Tableau hiftorique que rien ne m'empêchoit de prendre cette

Ville avec deux mille hommes. » Il n'y avoit alors ,
» ajoute-il, que dix Invalides dans ce poste : il eût
» masqué Saint David , en eût empêché les répara-
» tions ainsi que la construction de deux ouvrages
» extérieurs en maçonnerie qui ont beaucoup retar-
» dé le Comte de Lally dans le siége qu'il en a fait ».

Il falloit donc , suivant lui , que je prisse Goudelour avant son arrivée, que je le gardasse , pour mas-
quer le Fort Saint David & empêcher la garnison d'a-
chever ses fortifications. De tous les plans imagina-
bles , c'étoit là le plus sûr pour tout perdre , ou tout
au moins pour faire mourir de faim l'armée.

D'abord il auroit fallu, pour me procurer deux
mille hommes, réunir toutes les forces que nous avions
dans l'Inde, & abandonner toutes nos Places à la dis-
crétion des Troupes portées sur l'Escadre Angloise qui
pouvoit arriver d'un moment à l'autre ; & cela pour
m'enfermer dans une Ville sans défense, dominée d'ailleurs par le Fort Saint David qui pouvoit en foudroyer
les murailles du côté du Nord. Je n'aurois pu y recou-
vrer des vivres qu'à la pointe de l'épée , parce que
l'intervalle de quatre lieues qui est entre Goudelour
& Pondichéry, est coupé par trois rivieres. Les gar-
nisons du Fort Saint David & de Divicotey auroient
pu attaquer tous mes convois, & me réduire à la
derniere extrêmité avec d'autant plus de facilité
qu'elles avoient l'une & l'autre une retraite sûre dans
leurs forts respectifs.

Cette conduite m'auroit exposé d'ailleurs à un coup
de main, parce que la Ville est ouverte du côté de la
mer, & que l'Ennemi pouvoit acquérir en un ins-

...cant, une grande fupériorité par l'arrivée de fon Efcadre. Tels font les inconvéniens aufquels je me
ferois expofé en prenant & gardant Góudelour. Cependant je devois le faire, fuivant le Comte de Lally,
uniquement pour empêcher les ennemis d'achever les
fortifications du Fort Saint David , mais ils n'y ont
achevé qu'une petite demie lune dont la perfection
n'a pas retardé d'un moment les opérations du Comte de Lally. Les travaux du fiege n'ont pas été diri-
gés fur cette demie lune : elle eft placée à l'Eft du
côté de la mer; & le Fort Saint David a été attaqué
& pris par les côtés du Nord & de l'Oueft. Si j'avois
donc entrepris de m'emparer de Goudelour & de
m'y maintenir dans le deffein de mafquer le Fort Saint
David , j'en rougirois comme d'une entreprife ex-
travagante.

On lit dans l'un des Mémoires du Comte de Lally intitulé : *Tableau Hiftorique*, page 4 » le Cheva-
» lier de Soupire & le fieur de Leyrit écrivent en
» même tems au Comte de Lally que l'Ennemi
» marchoit avec un corps de huit cens hommes fur
» Pondichéry, & le Chevalier de Soupire qui n'en
» avoit que fix cens fe préparoit à en abandonner les
» environs ».

Cette ironie femble me peindre comme un homme
foible qui ayant fous fes ordres fix cens hommes ,
perd la tête à l'arrivée de huit cens ennemis & cher-
che à fe mettre à couvert derriere des remparts. Je
me flatte que ceux qui m'ont vu à la guerre ne me
reconnoîtront point à ce portrait. Auffi eft-il très-
faux

faux que j'aie écrit au Comte de Lally que je me préparois à abandonner les environs de Pondichéry. Il m'écrivit le 21 Juillet 1758 de l'aller joindre fous Tanjaour avec toutes mes forces. Je lui lui répondis le 27 du même mois qu'il ne me donneroit pas de pareils ordres s'il fçavoit la fituation de Pondichéry. L'Efcadre Angloife paroiffoit & l'armée campée près de Madraff pouvoit fe mettre en marche pour feconder les opérations de l'Efcadre : fi j'avois porté toutes mes forces fous Tanjaour, c'eût été livrer Pondichéry & Alemparvé où nous avions un dépôt confidérable d'artillerie. Je crus avec raifon ne devoir point exécuter un ordre que le Comte de Lally avoit donné fans connoître ma pofition. Je n'avois pas fix cens hommes, & je m'affoiblis encore pour fournir une efcorte au convoi qu'il me demandoit. Je veillai avec le refte de mes Troupes à la confervation de Pondichéry & d'Alemparvé, en prenant entre ces deux places une pofition qui me mettoit à portée de voler à leur fecours à la premiere vûe des fignaux que j'y avois établis. Il me femble que cette conduite n'eft pas celle d'un Officier fufceptible d'une terreur panique, & que l'ironie dont il plait au Comte de Lally de m'honorer eft plus que déplacée.

O N lit dans fon Mémoire intitulé : *Les vraies caufes de la perte de l'Inde*, page 9, ces propres termes :

» Le Comte de Lally avoit deux mille deux cens
» hommes fous les armes en levant le fiége de Ma-

IVe Epoque.
Faits relatifs au reproche que me fait le Comte de Lally, d'avoir perdu le pofte de Cangivaron.

D

» draſſ, dont il avoit laiſſé le commandement au
» Chevalier de Soupire. L'ennemi , moyennant le
» renfort qu'il venoit de recevoir, étoit à peu près de
» même force. Six ſemaines après la levée du ſiege ,
» l'avant-garde de ſon Eſcadre paroiſſoit déja à la
» côte : il s'eſt mis en campagne, a marché ſur le
» Chevalier de Soupire campé ſous Cangivaron, ſur
» la rive gauche du Paléar , l'a forcé de repaſſer ce
» fleuve & de lui abandonner ſon poſte, ainſi que
» toutes les terres de la dépendance d'Arcate , que le
» Comte de Lally avoit conquiſes ſix mois aupara-
» vant ſur cette rive gauche. Il n'eſt pas à préſumer
» que le Chevalier de Soupire auſſi fort pour le moins
» en Européens que l'ennemi , eût évité de combat-
» tre s'il n'avoit craint que les ſix Vaiſſeaux arrivés à
» Madraſſ, joints à l'avant-garde de l'Amiral Pocok,
» n'euſſent coupé entre lui & Pondichéry.

» Dans cette poſition, quelle manœuvre auroit pu
» ou dû faire le Comte de Lally ? Son premier mou-
» vement a été de retourner ſur le poſte que le Che-
» valier de Soupire venoit d'abandonner , mais il n'é-
» toit plus tems, l'ennemi s'y étoit fortifié ; &c.

L'idée que ce paſſage du Mémoire préſente de
moi , n'eſt rien moins que flateuſe. Ne ſemble-t-il
pas que j'aie abandonné le poſte de Cangivaron en
fuyant , & que j'aie craint d'en venir aux mains avec
un Ennemi qui m'étoit inférieur en force ? Ne ſem-
ble-t il pas que les Anglois & leur conquête n'aient
échappé au Comte de Lally , que par le moyen des
boulevards qu'ils avoient ſçu élever en 24 heures ,
par art de féerie ? On va voir par le détail des cir-

conſtances, combien cette idée eſt éloignée du vrai.

J'entrai le 2 Mars 1758, dans Cangivaron ſitué dans un pays dépeuplé & dont les reſſources étoient épuiſées tant par le ſejour de l'armée de France que par celui de l'armée Angloiſe de Chinglepette qui avoit tenu ce poſte à pluſieurs repriſes. J'avois avec moi quatorze ou quinze cens Européens, un petit nombre de Cypayes & deux ou trois cens Cavaliers Maures. Mes Européens n'étoient pas tous armés. Il leur manquoit cent vingt-deux fuſils & un plus grand nombre de Bayonnettes. La plûpart étoient nuds & tous étoient mécontens de voir accumuler les arrérages de leurs ſoldes ſans recevoir le moindre à compte. Mes Noirs ſur-tout ſervoient ſans zéle & ſans affection, & je ne ne pouvois compter ſur leur fidélité.

Je pourvus à la ſûreté de mes Troupes par toutes les précautions poſſibles. Je tins dans ce poſte trente-ſix jours, ſans vivres & ſans argent, quoique j'euſſe ſouvent l'ennemi en préſence, & je trouvai le ſecret de faire ſubſiſter les ſoldats, & de payer les Journaliers avec mes emprunts.

J'étois auſſi fort que l'ennemi en Européens; mais il avoit quatre mille Noirs plus que moi, & il nageoit dans l'abondance. La plupart de mes Piquets n'avoient qu'un Officier pour les commander; le Comte de Lally ne l'ignoroit pas, puiſqu'il m'écrivoit le 21 Mars » qu'il avoit ſignifié à tous les Officiers en état de » partir, de ſe mettre en route dès lendemain pour » me joindre avec un à compte de deux cens rou- » pies pour les Capitaines & de cent pour les Lieute-

» tenans. Il ajoutoit qu'il n'étoit pas fans inquié-
» tude fur ma pofition, quoiqu'il fçût le pofte de
» Cangivaron, bon.

Outre qu'un pofte où l'on périt de mifere n'eft
jamais bon, Cangivaron eft un Village immenfe,
fans murailles, fans foffés, & percé de quinze grandes rues par lefquelles on peut pénétrer de toute
part. Un pofte de cette qualité ne pouvoit être dé-
fendu fans un péril extrême contre un ennemi fort
fupérieur en nombre. Je pris donc le parti de me
former en plaine à la tête du Village à chaque fois
que l'ennemi en approchoit.

Le 16 Mars fur le bruit de la marche des ennemis, je fis venir d'Arcate quatre-vingt-treize Cavaliers Européens. Peu de jours auparavant j'avois tiré
de cette Ville une Compagnie de Houffards.

Les Anglois arriverent le 18 devant Cangivaron.
Ils changerent chaque jour de pofition pour cher-
cher à me furprendre. Je leur préfentai par-tout
le combat qu'ils ne jugerent pas à propos d'accepter.
Enfin après m'avoir tâté & tourné en tous fens près
de quinze jours, ils marcherent fur Vandavachy le
premier Avril.

Auffi-tôt je portai mon camp fur le chemin d'Arcate pour couvrir ce pofte en même temps que
Cangivaron.

Le 4 Avril j'appris que l'ennemi s'étoit emparé
de l'Aldée * de Vandavachy, & qu'il ouvroit une

---

* Village.

tranchée devant le fort. Ma fituation étoit embaraf-
fante : Je n'avois reçu depuis trente-fix jours que
4000 roupies effectives ; encore avoit-il fallu les arra-
cher de force aux Receveurs fur lefquels on m'avoit
donné des *tangas* ou refcriptions. La mifere avoit
fait déferter le Bazar * de mon armée ; mes Noirs
mouroient de faim, & l'Officier étoit réduit comme le
foldat à prendre de la viande fur des reçus. Le Comte
de Lally inftruit par mes lettres de notre affreufe
indigence, ne m'avoit envoyé que des billets de
caifle dont perfonne ne vouloit , & pour me tenir
lieu de fubfiftances, il m'ordonnoit de licencier mes
Cypayes : expédient très-heureux & très-propre à
procurer un renfort à l'armée Angloife.

Dans cette extrémité que je pourrois appeller
détreffe , j'affemblai un Confeil de Guerre dans lequel nous cherchâmes le moyen le plus court de
vaincre la mifere qui nous mettoit dans l'impoffibi-
lité de fuivre l'ennemi.

Il fut unanimement décidé que nous irions à Arcate pour faire reffource.

Cangivaron refta fous la garde d'un brave Par-
tifan Indien. ** Il étoit intéreffé à s'y bien défendre ;
il y alloit même de fa tête, parce qu'il étoit déferteur
de l'armée Angloife.

Les efpérances que nous avions conçues de notre
voyage à Arcate ne furent pas tout-à-fait fruftrées.

---

* Marché.
** Mouffaferbek.

J'en rapportai 5000 roupies & des vivres pour huit jours. Outre ces petites provifions, j'avois tiré de l'Avaldar *, un engagement par lequel il s'obligeoit de m'envoyer à l'armée dix mille roupies, & des fub-fiftances pour feize jours. Il devoit les faire livrer en deux fois de cinq jours en cinq jours ; mais à la premie-re échéance, il fe révolta, s'empara du fort de Timery, & déclara qu'il ne reconnoiffoit plus que les ordres du Nabab.

J'écrivis au Comte de Lally par quadruplicata pour l'informer de mes arrangemens, de l'épo-que de mon départ, & du projet de ma route, afin qu'il pût combiner les moyens de me faire joindre par les troupes qu'il pourroit m'envoyer.

En même-temps j'informai le Commandant de Vandavachy que j'allois à fon fecours, & je lui demandai combien de temps il pouvoit tenir. Je calcu-lai mes marches fur fa réponfe, & j'arrivai à la vue de Vandavachy, le 12 Avril fur le déclin du jour. Auffi-tôt les Anglois s'avancerent à Montugabondy, à trois quarts de lieues de moi, & s'y mirent en bataille. Réfolu de les attaquer avant la pointe du jour, je fis un mouvement à onze heures du foir pour pren-dre une pofition qui, en leur refufant ma gauche, me donnoit de l'avantage fur la leur, mais ils leve-rent le fiége pendant la nuit, & dirigerent leur marche fur Tirvatour.

Ce fut donc moi qui fis lever le fiége de Vanda-

* Receveur ou Fermier.

vachy, où j'entrai le 13 Avril, & c'eſt ſans doute faute de mémoire que le Comte de Lally fait entendre, page 123 de ſon Mémoire, que c'eſt lui qui a fait lever ce ſiége. Il étoit lors de cet événement à Schetoupet à quatre lieues de Vandavachy. Je lui écrivis pour l'informer du tout : il n'arriva qu'à minuit le même jour 13 Avril.

On m'avoit remis à trois lieues de Vandavachy deux de ſes lettres datées l'une & l'autre de Pondichéry du 7 Avril 1759.

» J'ignore mon cher Soupire, diſoit-il dans la » premiere, les raiſons qui vous ont fait abandonner » Cangivaron; quels ordres puis-je vous donner à » vingt-cinq lieues ſur la conduite que vous avez » à tenir vis-à-vis de l'ennemi, &c.

Il me diſoit dans la ſeconde, » le détachement » de Gueoghan arrivera demain dans la nuit à Sche-» toupet. Je ne croyois pas que ce fût à moi de faire » lever ce Siége (de Vandavachy) *au nom de Dieu* » *faites un mouvement en avant*, je vais forcer de » moyens pour communiquer de Schetoupet avec » vous, j'emporte de l'argent pour vos Noirs & » de quoi réparer dix mille roupies que nous aban-» donnons dans Vandavachy.

J'avois amplement informé le Comte de Lally des cauſes de mon départ de Cangivaron. Cependant il affectoit de les ignorer dans la premiere des deux lettres qu'on vient de lire. Au ſurplus il n'approuvoit ni ne déſapprouvoit ce départ qu'il me reproche aujourd'hui comme une faute capitale.

Mais on voit par la feconde de ces lettres du même jour, qu'il fouhaitoit avec paffion que je fiffe un mouvement en avant pour faire lever le fiége de Vandavachy, & qu'il m'ordonnoit même de le faire. Aujourd'hui il me blâme hautement de l'avoir fait. je lui laiffe le foin de concilier ces contradictions.

Ces dernieres expreffions de fa feconde lettre, *j'emporte de l'argent & de quoi réparer dix mille roupies que nous abandonnons dans Vandavachy,* font voir qu'il regardoit ce pofte comme perdu, & qu'il étoit fort éloigné de penfer que j'euffe prévenu fes ordres, & ufé de la plus grande diligence.

Il arriva, comme je l'ai dit, à Vandavachy quinze heures après moi, & je lui remis le commandement. Il me témoigna la plus grande fatisfaction fur toute ma conduite, & je lui fis part de mes difpofitions pour marcher dès le lendemain 14 Avril au fecours de Cangivaron ; la néceffité du fecours étoit preffante : je ne doutois pas que l'armée Angloife, en levant le fiége de Vandavachy, ne fit une marche forcée pour aller tomber fur Cangivaron, qui n'en eft éloigné que de neuf lieues : l'évenement fit voir que mes conjectures étoient juftes.

Cependant le Comte de Lally jugea à propos de faire féjourner l'armée à Vandavachy le 14, & il la paffa en revue.

Le lendemain 15 il marcha fur Tirvatour. Nous y apprimes le 16 que dès la veille au foir les Anglois avoient forcé Cangivaron.

La

La belle défenſe du Commandant Indien dans ce poſte juſtifioit la confiance que j'avois eue en lui. Il avoit réſiſté avec beaucoup de valeur à trois attaques différentes, & repouſſé l'ennemi avec perte. Les Anglois avoient été obligés de forcer la Pagode avec du canon, & ils n'y entrerent qu'après avoir tué le Commandant.

Le Comte de Lally voulut tenter de reprendre Cangivaron ; l'ennemi l'y arrêta & l'obligea de ſe retirer ſans y employer d'autre art que la méthode dont j'avois uſé contre lui peu de jours auparavant. Il ne lui oppoſa aucunes fortifications ; & comment lui auroit-il été poſſible d'en conſtruire en ſi peu de jours ? On verra dans un moment par une lettre du Comte de Lally que l'ennemi étoit campé entre l'étang & la Pagode, & qu'il n'étoit pas derriere des boulevards.

Les faits dont je viens de rendre compte avec la plus ſcrupuleuſe exactitude, autoriſent-ils le Comte de Lally à dire dans ſon Mémoire « que l'Ennemi, à
» forces égales, m'a contraint de repaſſer le Paléar,
» de lui abandonner le Poſte de Cangivaron, ainſi
» que toutes les terres de la dépendance d'Arcate
» que le Comte de Lally avoit conquiſes ſix mois
» auparavant ; que ſon premier mouvement fut de
» retourner ſur le poſte que je venois d'abandon-
» ner, mais qu'il n'étoit plus temps & que l'Ennemi
» s'y étoit fortifié ?

On voit au contraire que je n'ai été dépoſté de Cangivaron que par une miſere extrême qui m'avoit mis dans une impoſſibilité phyſique de ſuivre l'Ennemi ; qu'à mon retour d'Arcate, où je n'étois allé que pour faire reſſource , je marchai avec la plus grande diligence pour faire lever le ſiége de Vandavachy , dont la conſervation étoit encore plus importante que celle de Cangivaron ; & enfin qu'au 13 Avril , jour auquel je remis le commandement aa Comte de Lally ; il étoit encore très-poſſible de jetter du ſecours dans Cangivaron , puiſqu'il ne fut pris que le ſurlendemain.

Je dis que le poſte de Vandavachy étoit encore plus important que Cangivaron , parce que Vandavachy couvre Pondichéry , & Alemparvé dont il eſt plus près que Cangivaron. J'ai là-deſſus le témoignage du Comte de Lally lui- même qui m'écrivit le 10 Mai 1759 en ces termes : « Me voici devant
» Cangivaron , mon cher Soupire , & je l'euſſe atta-
» qué ce matin ſi je vous avois eu avec moi : la
» confiance dans ſon ſecond eſt un furieux véhi-
» cule , ce n'eſt pas que j'en manque pour Verdiere
» aſſurément : mais nous autres vieilles gens , c'eſt no-
» tre foible de faire cas de l'expérience. *L'Ennemi*
» *campe entre l'Etang & la Pagode* : j'ai placé Lam-
» bert du côté de l'Etang , & je vais tourner ſage-
» ment autour du pot pour tâcher d'en enlever au
» moins le couvert, *bien réſolu de l'abandonner un*
» *inſtant après comme le poſte le plus inutile que je*
» *connoiſſe , &c.*

C'eſt donc le Comte de Lally qui m'aſſuroit alors *par écrit* que s'il reprenoit Cangivaron , *il étoit bien*

*réfolu de l'abandonner un inftant après comme le pofte
le plus inutile*, & c'eft le Comte de Lally qui aujourd'hui dans un Mémoire imprimé me reproche
ma fortie involontaire de Cangivaron comme une
faute capitale. Cette contradiction n'eft pas honnête ;
elle prouve à la vérité que depuis fon retour en France, le Comte de Lally a acquis de grandes lumieres
fur l'importance du pofte de Cangivaron ; mais je la
connoiffois dans l'Inde, cette importance, puifque j'y
ai fait tout mon poffible pour conferver Cangivaron.

Que le Public joigne les faits à la lettre du Comte
de Lally ; qu'il compare le tout avec les reproches
qu'il me fait, & qu'il prononce.

L E Comte de Lally, après m'avoir reproché fi in-
juftement d'avoir abandonné le pofte de Cangivaron,
ajoute, page 10 de fon Mémoire intitulé *Tableau
hiftorique*, qu'après cette malheureufe expédition je
rentrai dans Pondichéry & ne fervis plus. Voyons
fi ce reproche eft mieux fondé que les autres.

Après avoir fait lever le fiege de Vandavachy, j'ac-
compagnai le Comte de Lally à Arcate ; là mes forces
m'abandonnerent : les fatigues d'une campagne de
treize mois fans interruption m'avoient miné le tem-
pérament, je me trouvai tout-à-coup dans un épuife-
ment qui ne me laiffoit plus que de la volonté.

Le Comte de Lally vint me voir le 25 Avril 1759
pour me dire que des affaires très-importantes l'appel-
lant à Pondichéry, il falloit que je priffe le Commandement. Alors ma défaillance étoit telle que je ne pou-

Ve. EPOQUE.
Faits relatifs au re-
proche que me fait
le Comte de Lally,
de n'avoir plus fer-
vi, depuis mon re-
tour à Poudichéry.

vois marcher ni même me tenir debout ; je le priai de m'accorder quelques jours pour répondre, efpérant qu'un peu de repos me rendroit mes forces ; mais mon état empira au point que je demandai le 27 la permiffion de me faire tranfporter à Pondichéry.

J'étois dans cette Ville depuis environ 15 jours lorfque le Comte de Lally y revint lui même avec la fievre le 19 Mai.

Le 22 il me chargea de donner le *mot* : j'ignorois fon deffein, les Officiers m'en inftruifirent ; il avoit déclaré qu'il vouloit me remettre le Commandement & la direction de toutes les opérations *militaires*. J'avoue que ce projet m'inquiéta parce que je n'étois pas rétabli, & plus encore parce que nos affaires étoient extrêmement délabrées. Cependant je donnai *le mot*, mais le Comte de Lally continua à difpofer des Troupes, à les faire mouvoir & à donner des inftructions fans que j'en fuffe averti.

Ma fanté s'affoibliffant de jour en jour, je fus obligé de me retirer à la campagne le 24 Mai.

Le 12 Juillet le Comte de Lally me fit revenir ; il me dit qu'il fe fentoit fort mal, qu'il ne vouloit plus fe mêler de rien, qu'il m'adrefferoit déformais toutes les affaires, & qu'il me chargeroit du foin de faire payer les Troupes. Je lui promis de faire les plus grands efforts pour le foulager ; mais en même temps je lui repréfentai que, n'ayant jamais été inftruit de fes projets & de fes vues, je ne pouvois me charger ni de l'adminiftration ni de la continuation de fes correfpondances politiques,

Il revint à la charge le 19 du même mois, il me
déclara qu'il étoit résolu de me confier tout ce qui
concernoit la Guerre avec cinquante mille roupies,
& que ce seroit à moi à me procurer d'autres res-
sources après l'épuisement de cette somme. Je le
priai de me dispenser d'entrer dans les discussions
d'une comptabilité fort compliquée & dont il avoit
seul la clef ; je l'assurai au surplus que s'il vouloit
me donner ses ordres & ses instructions, je les exé-
cuterois avec autant d'activité que d'exactitude. Il
m'envoya plusieurs ordonnances sur la Caisse Militaire
à signer ; je ne voulus signer qu'après un ordre par
écrit, parce que jusques-là je n'avois aucune qualité
pour le faire.

Il partit le 1er Août pour Chalembron, & il m'envoya une instruction datée du même jour par laquelle
il me remettoit le Commandement, la Police & la
Discipline des Troupes qui étoient éparses dans le
Nord & dans le Sud, avec le droit de les rassembler au
besoin. Il me permettoit uniquement de disposer des
fonds qui pourroient rentrer du produit des contribu-
tions imposées sur les Paliagards, * dont le recouvre-
ment pouvoit dès-lors être regardé comme très-
incertain.

Je fus quatorze jours en fonction ; ma plus grande
occupation fut de distribuer de tous côtés des pro-
messes au lieu d'argent. Comme j'avois fort peu de
Troupes à Pondichéry j'armai les Conseillers, les
Employés, les Bourgeois & les Marins qui étoient
dans la Place ; j'en composai trois corps, je leur
donnai des uniformes, & je leur marquai les postes

* Espèces de Prin-
ces ou Gouverneurs
Indiens.

auxquels ils devoient se rendre sur les signaux dont ils furent prévenus. Ces précautions qui présentoient aux yeux des Ennemis les apparences d'une nombreuse garnison contribuerent peut-être à les contenir & à les empêcher de rien entreprendre. Leur Escadre parcourut la Côte sans tenter aucune opération, mais leur Armée de terre entreprit le siege d'Arcate.

Le Comte de Lally n'en fut pas plutôt informé, qu'il m'écrivit de Goudelour le 13 Août, en ces termes : « la présente n'est uniquement, mon cher » Soupire, que pour vous dire de vous tenir prêt à » partir après demain avec les deux Compagnies de » Grenadiers du Régiment de Lally, qui doivent » joindre l'Armée.

Je me mis aussi-tôt en état de partir; mais, le 15 Août, le Comte de Lally me donna un contre-ordre, sur l'avis qu'il avoit reçu de la levée du siége d'Arcate : je fis rentrer mes équipages, qui étoient déja en marche.

Voilà quelle a été ma conduite depuis mon retour à Pondichéry. Je prends la liberté de demander sur quel fondement le Comte de Lally a pu se permettre de dire dans son Mémoire, qu'après la perte de Cangivaron, je me suis retiré à Pondichéry, & n'ai plus servi ? Ses instructions du premier Août, dont j'ai l'original entre les mains, & sa lettre du 13, dont j'ai rapporté la teneur, ne forment-elles pas des preuves par écrit du contraire? D'ailleurs y a-t-il un Officier, un Soldat, un Colon qui ne soit en état d'attester que mon service n'a été interrompu que pendant quelques

jours, & uniquement parce que le délabrement de ma
santé & une défection totale m'avoient rendu inca-
pable de la moindre fonction ? Comment d'ailleurs
concilier le reproche odieux que le Comte de Lally
me fait aujourd'hui, avec les éloges qu'il a faits de
moi dans ses lettres au Ministre ? A-t-il cru qu'il étoit
de son intérêt de se rétracter ? Mais de quelle res-
source peuvent être pour sa défense les imputations
qu'il s'est permises contre moi, lorsqu'elles sont d'u-
ne fausseté évidente ? A-t-il esperé qu'il se rendroit
les Magistrats & le Public plus favorables, en me
prêtant des fautes très-graves dont je suis fort inno-
cent ? J'ose croire qu'il s'est abusé, & que son système
peut produire un effet tout contraire.

Le 24 Septembre 1759, il nous remit les lettres de
rappel, qu'il avoit reçues de la Cour, pour les Officiers supérieurs & l'Etat Major; celle qui m'étoit adres-
sée, étoit en ces termes : « Monsieur le Chevalier de
» Soupire, étant satisfait des services que vous m'a-
» vez rendus dans l'Inde, & *desirant que vous re-*
» *passiez en France pour me les continuer*, je vous
» fais cette lettre pour vous dire que mon intention
» est que vous vous embarquiez sur les premiers
» Vaisseaux qui feront en état de partir, sans pouvoir
» vous en dispenser pour quelque cause & sous
» quelque prétexte que ce puisse être, sous peine de
» désobéissance.

Je partis sur l'Escadre, le premier Octobre, chargé des dépêches du Comte de Lally pour le Ministre,
dans lesquelles il ne parloit de moi qu'avec les plus

grands éloges:* il fçait que je ne les ai point mendiés.

J'arrivai à tems pour profiter des bontés du Roi, & je fis dans les Armées d'Allemagne la Campagne de 1760, & les suivantes jusqu'à la paix.

Dans le cours de ces Campagnes Sa Majesté m'accorda le grade de Lieutenant Général, & d'autres graces, qui me permettent de croire qu'elle a été satisfaite de mes services.

Honoré de la bienveillance des Généraux & de tous les Officiers, je n'avois garde de prévoir que je verrois un jour un libelle imprimé contre moi, encore moins que ce libelle viendroit du Comte de Lally qui m'avoit donné tant de preuves de son estime. Ne s'est-il livré à cette déclamation imprévue, que par ressentiment de ce que j'ai déposé dans les informations faites contre lui ? Mais j'ai été assigné à la requête de M. le Procureur Général, & je ne pouvois refuser à la Justice mon témoignage sur les faits contenus en la plainte de ce Magistrat. J'ai dit, comme je le devois, la vérité dans ma déposition ; mais elle n'a point le ton de l'inimitié, elle est sans fiel & sans tournure ; elle est de la même simplicité que le Texte du Journal que j'ai tenu dans l'Inde ; & ce Journal n'a certainement pas été fait pour préparer une accusation contre le Comte de Lally.

Tels sont les faits que j'ai cru devoir exposer à mes Conseils : je les prie de me guider sur la conduite que je dois tenir.

* Il y disoit, entr'autres choses, » jugez, Monseigneur, de la situation horrible où l'Inde se trouve, & du besoin pressant que j'aurois de M. le Chevalier de Soupire, à qui je dois le peu de discipline praticable dans les Armées de ce Pays, ainsi qu'une grande partie des succès que j'y ai eus.... M. le Chevalier de Soupire y a usé son corps, sa santé & sa bourse, & retourne en France plus pauvre qu'il n'en est sorti.

Lᴇ Cᴏɴsᴇɪʟ sᴏᴜssɪɢɴᴇ́, qui a lu le Mémoire du Chevalier de Soupire, les doubles des inſtructions données au Comte de Lally tant par le Roi que par M. de Moras, le 22 Juin 1756, auxquelles le Chevalier de Soupire étoit obligé de ſe conformer; la lettre du ſieur Bouvet au Chevalier de Soupire, du 9 Septembre 1757; l'arrêté du Conſeil mixte tenu à Pondichéry le 10 du même mois., en tête duquel eſt une copie de la lettre du Comité ſecret de Madraſſ du 12 Août 1757, interceptée par le Chevalier de Soupire; la délibération d'un autre Conſeil mixte tenu à Pondichery le 20 Septembre ſuivant; la lettre du Maréchal de Belleiſle au Chevalier de Soupire, du 10 Décembre 1758; Les trois lettres du Comte de Lally au Chevalier de Soupire, dont deux du 7 Avril 1759, & l'autre du 10 Mai ſuivant; les inſtructions données au Chevalier de Soupire par le Comte de Lally, le premier Août de la même année; la lettre du même Général au Chevalier de Soupire, du 13 du même mois; la lettre de rappel du Chevalier de Soupire, du 28 Mars 1759; & les parties du Journal par lui tenu dans l'Inde, qui ont rapport aux faits qui ſont rappellés dans ſon Mémoire.

Eꜱᴛ ᴅ'ᴀᴠɪs que le Chevalier de Soupire ſeroit en droit de rendre plainte des imputations qui lui ſont faites dans les Mémoires du Comte de Lally, comme injurieuſes à ſa réputation, & qu'il en obtiendroit une réparation autentique.

Mais la fauſſeté de ces imputations eſt ſi bien démontrée par les pieces ci-deſſus énoncées, qu'on ne penſe pas que le Chevalier de Soupire ait beſoin d'u-ne réparation, ſur une déclamation qui tombe d'elle-même. On eſtime donc qu'il doit ſe contenter de faire imprimer ſon Mémoire, dont la lecture ne peut qu'indiſpoſer le Public contre le procedé du Comte de Lally : il y verra avec ſurpriſe, que cet Officier Général, dont il étoit en droit d'attendre plus de franchiſe & de vérité, a ſuivi la route de la plupart des accuſés qui, au lieu de préſenter à la Juſtice de véritables moyens d'atténuation, ſe livrent à une ré-crimination deſtituée de fondement & de prétexte, pour tâcher de rejetter ſur des tiers les délits qu'on leur impute.

Délibéré à Paris ce 2 Mai 1766 ; Signé, LHERMINIER, DE LAMBON & CLEMENT.

De l'Imprimerie de KNAPEN, au bas du Pont Saint Michel. 1766.